ÉLOGE

DE

Feu Pierre THOUVENEL,

PREMIER MÉDECIN CONSULTANT DU ROI.

ÉLOGE
HISTORIQUE

DE

Feu PIERRE THOUVENEL,

PREMIER MÉDECIN CONSULTANT DU ROI,

Prononcé à la séance publique de la Société royale des Sciences, Lettres, Arts et Agriculture de Nancy, le 28 Juin 1816,

PAR M. DE HALDAT,

DOCTEUR EN MÉDECINE, PROFESSEUR DE PHYSIQUE A NANCY, SECRÉTAIRE DE LA SOCIÉTÉ ROYALE DES SCIENCES DE LA MÊME VILLE, MEMBRE DE PLUSIERS SOCIÉTÉS SAVANTES, NATIONALES ET ÉTRANGÈRES.

Periculosum est credere et non credere.
PHÈDRE.

A NANCY,

DE L'IMPRIMERIE DE C.-J. HISSETTE,
Rue de la Hache, n.º 53.

ÉLOGE HISTORIQUE

DE

Feu PIERRE THOUVENEL.

P IERRE **THOUVENEL**, Docteur en médecine, Inspecteur-général des eaux minérales et des hôpitaux militaires de France, premier Médecin consultant du Roi, Membre de plusieurs Sociétés savantes, est né en 1747, à Sauville, petite commune du département des Vosges, près de Neufchâteau, dans la province de Lorraine. Ses parens qui cultivaient eux-mêmes des biens ruraux assez considérables qu'ils possédaient dans ce village, auraient en vain désiré l'associer à leurs travaux ; il était né faible et bien plus propre aux occupations de l'esprit qu'à celles du corps. Ces raisons les déterminèrent à lui faire entreprendre des études pour lesquelles il montra beaucoup de zèle, mais qui se trouvèrent encore au-dessus de ses forces physiques ; car à mesure qu'il avançait en âge, on voyait sa santé s'altérer. Sa poitrine, originairement faible, s'affecta tellement, qu'il fut déclaré phtysique et considéré comme une victime dévouée à une mort certaine et prématurée. On fit cependant quelques tentatives pour éloigner la catastrophe qui le menaçait ; et le traitement ayant eu plus de succès qu'on ne l'espérait, il reprit et termina ses cours élémentaires.

Le jeune Thouvenel suivant ainsi les ordres de ses parens, avait pensé ne faire que des études littéraires ; mais, sans y songer, il en avait fait en même temps de beaucoup plus sérieuses. L'espèce d'observation à laquelle il avait été obligé de se livrer pour juger des choses qui hâtaient ou ralentissaient son rétablissement, lui avait montré l'importance d'un art auquel il devait son salut. La médecine lui avait conservé la vie ; il voulut être médecin, et se rendit aussitôt à Montpellier pour se faire initier aux principes de cet art. La Faculté de Médecine de cette ville, célèbre depuis long-temps, était alors dans son plus grand éclat : c'était l'époque où Delamure commençait à purger la physiologie des explications mécaniques et chimiques ; où Bartez développait les premiers principes de ses théories profondes sur l'organisme ; où Sauvages jetait les fondemens de cette nosologie qui excita l'admiration de Boërhave. Fizes, dans le même temps, guidait les premiers pas des néophytes dans la pratique de l'art, et Venel enseignait avec éclat la chimie et la matière médicale. Une réunion si rare de talens supérieurs devait agir puissamment sur l'esprit d'un jeune homme qui avait pour la médecine un goût décidé ; elle le transporta d'admiration, et le pénétra du désir le plus violent d'acquérir promptement les connaissances propres à s'y distinguer. L'étude ne fut donc pas pour lui ce qu'elle est pour le commun des élèves, une tâche pénible dont on veut se débarrasser : c'était une continuelle jouissance ; c'était un culte qu'il rendait à une divinité dont il désirait devenir le ministre.

M.ʳ Thouvenel ne tarda pas à recueillir le fruit de son zèle ; il reçut le bonnet de Docteur en 1770 : il était alors dans sa ~~trentième~~ année. Un médecin de ~~trente~~ ans peut avoir des connaissances suffisantes pour exercer sa profession, mais rarement il obtient la confiance générale. Le public croit trouver dans l'âge de l'artiste une garantie qu'il ne devrait chercher que dans ses talens et ses qualités personnelles. Le docteur Thouvenel cependant n'eut pas de peine à vaincre cette prévention : une gravité extérieure, inspirée par l'estime de son état, une maturité de jugement hâtée par des études profondes, enfin le don précieux de la persuasion qu'il avait reçu de la nature, lui ouvrirent la carrière d'une pratique qui s'étendit promptement à la classe la plus élevée de la société. Honoré de la confiance de M.ᵐᵉ la Duchesse de Cossé-Brissac, dans laquelle il avait trouvé un ami et un Mécène, il se vit recherché des personnes les plus distinguées à la cour et à la ville.

On n'a que trop souvent rencontré des médecins qui, au scandale de l'art, ont su se rendre nécessaires aux hommes puissans par une flexibilité de caractère, rare compagne du talent et par les ressources d'une basse adulation. Ceux qui ont connu le Docteur Thouvenel, n'ignorent pas que ce fut à des causes bien différentes qu'il dut son élévation et ses liaisons intimes avec les grands. Personne ne savait mieux que lui ce que l'on doit au rang et à la naissance, mais aussi personne n'était plus pénétré de la dignité de sa profession. Condescendant envers ses amis, ses égaux, il exerçait l'empire le plus absolu sur tous ceux qui lui accordaient leur confiance, et ne reconnaissait aucun titre qui pût limiter l'étendue de son autorité médicale. Dans la société privée, il énonçait hautement son opinion, et la défendait avec une franchise que l'on aurait pu quelquefois prendre pour de la dureté, si l'on eût ignoré la bonté de son cœur et la droiture de ses intentions.

Les recherches que M.ʳ Thouvenel entreprit sur les eaux de Contrexéville (*), concoururent encore à le faire connaître. Ces eaux froides, qui jusqu'alors n'avaient eu quelque crédit que parmi le peuple du pays, ayant fixé son attention, il en donna une nouvelle analyse ; il rassembla les faits propres à constater leur utilité dans les affections des voies urinaires, et fixa leur réputation encore incertaine. Contrexéville vit alors, pour la première fois, des gens de Paris, des seigneurs de la cour, suivis du luxe et de l'opulence : c'était procurer un grand avantage à un pays pauvre et dépourvu de commerce ; mais pour le rendre durable, il fallait des édifices plus commodes. M.ʳ Thouvenel en reconnut la nécessité, et n'hésita pas à y employer la majeure partie de son patrimoine.

(*) Paris, 1775.

Il fit construire les bâtimens qui reçoivent maintenant encore les étrangers, et devint ainsi le véritable fondateur d'un établissement public qui fixa bientôt l'attention du Gouvernement. Quelques médecins frappés du peu de richesse des eaux de Contrexéville, ont voulu jeter du doute sur leur efficacité; mais les vrais initiés à la théorie des eaux minérales, savent combien peu il en est dans lesquelles les substances dissoutes soient d'une grande importance par leur quantité. Les propriétés de l'eau pure, prise à grande dose, la température, l'exercice des facultés physiques et morales, seront toujours aux yeux des hommes éclairés les causes principales de la puissance incontestable de ces remèdes naturels.

La Société Royale de Médecine qui venait de s'élever sous la protection spéciale de Louis XVI, d'auguste et douloureuse mémoire, ne jugea pas de l'établissement de Contrexéville comme les gens superficiels; elle en reconnut l'importance, et récompensa le zèle du fondateur, en lui conférant le titre d'Associé en 1777, sous la présidence de Lassone. Peu de temps après, le Ministère, qui avait distingué dans ses productions un génie observateur et un courage propre aux grandes entreprises, le nomma Inspecteur des eaux minérales de France, et le chargea de rassembler sur ces richesses nationales tous les renseignemens nécessaires pour en compléter l'histoire. Cette entreprise honorable au Gouvernement a occupé M.r Thouvenel une grande partie de sa vie.

*

Le travail qu'exigeait l'histoire naturelle des eaux minérales, pouvait seul absorber tous les instans d'un savant actif et laborieux; il ne suffit pas cependant à l'activité du nouvel Inspecteur. Il publia, dans le même temps, plusieurs Mémoires qui fixèrent l'attention des médecins et des chimistes; il indiqua dans les cantharides le principe de leur puissance cathérétique et celui auquel ces insectes doivent leur odeur vireuse et leurs brillantes couleurs. Il donna à la pharmaceutique les moyens de saisir ces principes utiles, et de les introduire dans les substances médicamenteuses. Il examina aussi le castoréum, le blanc de baleine et l'acide des fourmis (*). Ces recherches jetèrent du jour sur la nature de substances alors peu connues, et obtinrent la sanction de l'Académie de Bordeaux, qui couronna en 1778 le Mémoire où elles se trouvent consignées. M.ʳ Thouvenel avait publié à Montpellier, en 1770, un Mémoire sur le corps muqueux; il fut couronné à Pétersbourg par l'Académie impériale, en 1777, pour un autre Mémoire sur le mécanisme et les produits de la sanguification. Mais la plus honorable de ses récompenses académiques, ce fut le prix qu'il remporta en 1784 sur le salpêtre. Le Gouvernement, touché de la gêne que l'exploitation de ce sel causait aux propriétaires, résolut de les en délivrer en multipliant les nitrières

----

(*) Mémoire sur les substances médicamenteuses, ou réputées telles, du règne animal. Bordeaux, 1778.

artificielles; et pour y parvenir, il proposa aux savans, par l'intermédiaire de l'Académie Royale des Sciences, de déterminer avec plus d'exactitude qu'on ne l'avait fait jusqu'alors les conditions qui favorisent la nitrification.

Les belles découvertes de Priestley, de Lavoisier et de M. Bertholet sur l'acide nitrique, en avaient dévoilé la nature. Kavendisch avait même réussi à le former de toutes pièces, en combinant, sous l'influence du fluide électrique, les deux gaz dont il se compose. Mais par quelle voie la nature opère-t-elle la réunion de ces élémens ? Par quelle puissance enchaînant des corps éminemment élastiques parvient-elle à les condenser en un solide qui recèle la foudre ? Telle était la question proposée. Il ne s'agissait plus de former, à grands frais, au moyen de manipulations savantes et d'appareils compliqués, quelque petite quantité de nitre; il fallait l'obtenir en grande masse, le recueillir en quantité suffisante pour alimenter nos arsenaux, et fournir enfin à tous les besoins, à l'aide d'un procédé simple, économique, constant dans ses produits et à la portée des simples ouvriers. M.ᵣ Thouvenel ne pouvait se dissimuler les difficultés du problème ; cependant il ne désespéra pas de le résoudre en épiant la nature, pour lui dérober le procédé d'une opération qu'elle exécute devant nous, mais sous le voile du plus profond mystère. Il examina les lieux qu'elle choisit le plus ordinairement pour son laboratoire, les matériaux qu'elle emploie et les circonstances qui paraissent favoriser son travail. Lorsqu'il crut avoir obtenu les données, il chercha à l'imiter ; et après de nombreux essais, il s'assura que les principes constitutifs de l'atmosphère, composans de l'acide nitrique, se combinent pour former le salpêtre, quand leurs proportions se trouvent altérées par la décomposition des substances animales ou végétales, et que ces gaz rencontrent en naissant une base propre à les fixer. Il prouva que la sécheresse modérée de l'air, l'ombre et le repos en favorisent la formation.

Ce succès de Mr Thouvenel, magnifiquement récompensé par la valeur du prix qui était de 10,000^{fr}, le fut encore par les fonctions honorables que le Gouvernement lui confia. Il fut nommé, en 1784 et 1785, Inspecteur-général des hôpitaux militaires, et chargé, en qualité de Proto-Médecin d'Alsace, d'exercer sur la pratique de l'art dans cette province, une surveillance propre à combattre le charlatanisme toujours renaissant, et à hâter la régénération de la chirurgie, qui ennoblie dans toute la France par ses brillans succès, conservait encore en cette contrée des usages barbares et avilissans. Il fut appelé en 1788 au Conseil de Santé établi par la Direction des hôpitaux militaires. Il avait ainsi obtenu du Gouvernement toutes les distinctions auxquelles un Médecin peut prétendre ; mais on voit qu'elles furent méritées. J'ai rapproché à dessein l'histoire des services et celle des récompenses, pour faire ressortir la justice de ces dernières, et caractériser les clameurs de la tourbe avide et jalouse qui lui reprocha ses succès.

Couronné dix fois, en quatorze ans, par les Académies les plus illustres, investi de la confiance du ministère, pourvu d'emplois les plus éminens dans son art, M.ʳ Thouvenel semblait destiné à une carrière heureuse et paisible, autant qu'honorable ; mais nous arrivons à l'époque de sa vie, où commencèrent à se former les orages qui depuis n'ont cessé de gronder sur sa tête jusqu'au retour du Roi. Occupé du perfectionnement de son art, du progrès des sciences, il ne put résister à la curiosité qu'excitèrent en lui les controverses littéraires rapportées dans les papiers publics, au sujet d'un paysan du Dauphiné, que l'on disait doué de la singulière faculté de découvrir les eaux souterraines. Il lui parut extraordinaire que de simples faits, qui peuvent être constatés par les ignorans, comme par les savans, et qui ne demandent, pour être appréciés, que des yeux et de la bonne foi, pussent être le sujet de discussions sérieuses entre des hommes éclairés. Il s'étonna que ces faits fussent rejetés, seulement parce qu'ils étaient extraordinaires et hors des règles générales de la physique reçue. Consultant l'histoire de la science, il ne fut pas moins frappé d'y trouver des preuves incontestables que des faits semblables avaient, à diverses époques, dans des siècles de lumières, comme dans des temps de barbarie, fixé l'attention des physiciens (*). Les renseignemens qu'il recueillit, lui semblèrent même prouver que cette

____

(*) Storia della raddomanzia, etc., Amoretti, Milano, 1808.

faculté que l'on avait crue propre à quelques êtres privilégiés, n'était pas aussi rare qu'on l'avait imaginé, mais que la nature ne l'accordait à un degré éminent qu'à quelques individus rarement observés.

Mr Thouvenel connaissait l'histoire des erreurs de l'esprit humain; il n'ignorait pas la scandaleuse aventure de Jacques Aimar, qui, pour avoir été doué, comme on l'a cru, de la faculté de découvrir les courans d'eaux souterrains, les métaux enfouis dans la terre, s'était ensuite donné, par une dangereuse et criminelle imposture, pour un nécromancien universel, capable de retrouver les limites des champs lorsqu'elles étaient perdues, et de discerner dans les accusés d'un crime les coupables des innocens. Il était trop physicien, pour accorder la moindre croyance à des impostures si révoltantes ; mais il distinguait les faits dont il trouvait l'explication dans quelque influence physique de ceux qui étaient évidemment absurdes. Pénétré de la puissance infinie de la nature et de la limite de nos connaissances, il ne pouvait se décider à les rejeter sans examen, lorsqu'ils avaient été admis par des hommes graves et éclairés. Il résolut donc de les soumettre à l'épreuve de l'expérience, et de délivrer ainsi l'esprit humain du honteux tribut qu'il payait à l'erreur, si ces faits étaient imaginaires, ou d'enrichir la science d'une découverte importante, s'ils se trouvaient conformes à la vérité. Il fit venir du Dauphiné le personnage singulier, auquel le public attribuait cette espèce de divination naturelle; et ayant trouvé dans cet homme simple , et d'une extrême candeur, un sujet propre à ses recherches, il le soumit à des expériences aussi nombreuses que variées; s'étudiant à le placer constamment dans des circonstances à-la-fois neuves et impérieuses par l'influence qu'elles devaient avoir pour écarter l'erreur et découvrir la vérité.

Après avoir ainsi employé à cette recherche toutes les précautions que sa prudence, ses lumières et sa bonne foi lui dictaient, il ne craignit pas d'en proclamer les résultats dans les divers ouvrages qu'il publia en France et en Italie (*). C'est là que M.ʳ Thouvenel cherche à découvrir les causes qui ont pu jeter de l'incertitude sur des faits connus depuis si long-temps, et qui ont dû s'offrir plusieurs fois à l'examen des philosophes. Il les trouve dans l'orgueil de l'esprit humain, qui se sent humilié d'être forcé à croire ce qu'il ne peut expliquer, dans la nature même de cette propriété qui, bornée à un nombre très-limité d'individus, ne fournit que rarement aux physiciens l'occasion de se convaincre de son existence, dans la maladresse et la mauvaise foi de quelques-uns

---

(*) Premier et second Mémoire physique et médicinal sur les rapports qui existent entre la baguette divinatoire, le magnétisme et l'électricité; Paris, 1781. Mémoire sur l'électricité organique et minérographique; Brescia, 1790. La guerra di dieci anni; Verona, 1802. Mémoire sur l'aérologie et l'électrologie, etc.; Paris, 1806, 3 vol. in-8.°

de ceux qui ont possédé cette faculté, dans l'inexpé-
rience des physiciens qui l'ont examinée, mais sur-tout
dans le scepticisme exagéré du siècle et la manie de
l'esprit fort. Passant ensuite à l'exposition et à l'examen
des faits qui constatent l'existence de la faculté hydroscopique et métalloscopique, il les trouve revêtus du
même degré de certitude qu'ont les faits les plus
généralement reconnus dans la science de la nature.
Rejetant également l'opinion des physiciens qui n'ont
vu dans les résultats avoués que les effets du hasard
ou le produit de la mauvaise foi et celle des théologiens
qui ont trouvé l'œuvre du démon dans une expérience
de physique; il cherche à les expliquer par l'influence
de l'électricité, dont la terre est le grand réservoir, et
dont les courans d'eau et les filons métalliques de-
venant les conducteurs, l'accumulent chez les hydroscopes placés dans leur voisinage, comme il arrive à
la torpille et à l'anguille de Surinam, qui sont aussi
des êtres privilégiés par leur puissance électromotrice.

Lorsque M.ᵣ Thouvenel eut terminé ses recherches
et qu'il manifesta l'intention de les rendre publiques,
la plupart de ses amis s'efforcèrent de l'en détourner,
persuadés qu'il est des vérités destinées à dormir dans le
sein de la nature. Il est possible que vous ayez raison,
lui disait Diderot; mais je vous plains d'avoir à
prouver de telles vérités à un siècle comme le nôtre.
Ces avis étaient dictés par la prudence et l'intérêt
qu'ils prenaient à son repos; mais que pouvaient-ils
sur l'esprit d'un homme voué à la recherche de la

vérité, et qui croyait avoir saisi le fil de l'une des plus importantes? Loin de s'arrêter, il travailla avec plus d'activité à multiplier les expériences, à les varier, à en généraliser les conséquences. Tous les hommes instruits, les universités, les académies furent invitées à examiner les faits pour fixer l'opinion du public ; cependant le résultat de cet examen ne fut pas tel qu'on devait l'espérer. Tandis qu'un grand nombre de personnes respectables par leur véracité et leurs lumières, témoignaient hautement en faveur de l'opinion de M.ʳ Thouvenel et de la candeur de son hydroscope ; d'autres craignant de devenir responsables de leurs témoignages, se montraient peu disposées à intervenir dans l'examen d'une question qui éprouvait tant d'opposition. Les savans, ceux sur-tout qui, par leur réputation, sont destinés à diriger l'opinion publique, montraient une répugnance extrême pour des recherches si décriées. Dans le nombre de ceux qui consentirent à examiner les faits, beaucoup se rangèrent du côté de M.ʳ Thouvenel : les témoignages du vénérable Docteur Francklin, de l'illustre et vertueux de Malesherbes, de Diderot, de Mauduit, de Raynal, de l'Abbé Delille, de Bertholon, de Parmentier, de Marmontel, du Père Cotte, de Cadet, de Macquer, de Darcet, de Bayen, etc., que les écrits du temps nous ont conservés (*), seront toujours, aux yeux

---

(*) Second Mémoire physique, et Annales politiques, tom. V, n.º 35, page 165.

des hommes instruits et de bonne foi, des titres respectables et propres à préserver d'une précipitation dangereuse ceux qui auraient à examiner des faits analogues ; ils donneront la mesure de l'estime qu'on doit accorder aux déclamations scandaleuses des écrivains qui, sans examen des faits, ont traité les recherches de M.ʳ Thouvenel, de misérable jonglerie, et ont ainsi placé les témoins irréprochables que nous venons de nommer, sous le poids d'une accusation qui les déclare complices ou dupes d'une œuvre indigne de fixer l'attention des personnes éclairées.

Dès que ces expériences furent connues, elles donnèrent lieu à diverses opinions : quelques personnes applaudirent à des résultats qui leur semblaient promettre d'utiles et brillantes découvertes ; un grand nombre, c'est le parti de la prudence, lorsqu'il s'agit de faits nouveaux et extraordinaires, demeurèrent dans un doute philosophique qu'elles conservent encore; d'autres crièrent à l'imposture, au charlatanisme. Comme ces injures ont été depuis répétées par des hommes que leurs lumières auraient dû préserver des vices de la multitude ; les amis de M.ʳ Thouvenel se sont indignés de violences inutiles au succès de la vérité ; ils se sont demandé, si par ces moyens, on ne voulait pas punir en lui des sentimens qui l'honoreront toujours aux yeux des bons Français, mais qu'alors on avait intérêt de combattre. Nous aimons mieux croire cependant que l'amour de la vérité aura seul inspiré contre M.ʳ Thouvenel une animadversion, dont nous devons examiner l'équité.

Sans remonter à l'étymologie du mot charlatan, ou peut facilement tracer un portrait dont la société ne nous offre que trop fréquemment le modèle. Le charlatan est, ce me semble, celui qui se surfait et veut en imposer sur ses lumières, son mérite, ses vertus. Le charlatanisme dans la science consiste donc à s'arroger celle qu'on n'a pas et qu'on sait bien ne pas avoir. Ils sont donc de vrais charlatans, ceux qui écrivent sur des sujets qu'ils ne connaissent qu'imparfaitement, qui étalent dans leurs ouvrages une érudition dont on sait la tactique, qui s'attribuent des inventions qu'ils n'ont pas faites, qui se vantent de succès qu'ils n'ont pas obtenus, qui donnent leur néologisme pour d'importantes découvertes, et qui méconnaissant les droits du public et la puissance du temps, font des réputations et distribuent la gloire; ceux enfin qui travaillant plus à leur célébrité qu'à leurs ouvrages, manœuvrent sans cesse pour diriger à leur profit les cent voix de la renommée. Si M.ʳ Thouvenel, convaincu de la fausseté des faits sur lesquels il établissait ses opinions, eût voulu leur donner du crédit, ç'eût été, certainement, un misérable charlatan. Mais se fût-il adressé aux personnes qui étaient le plus en état de découvrir le mensonge? Les artisans de fraude ne s'adressent guère aux gens éclairés. Vouloir, en fait de physique, en imposer aux physiciens les plus expérimentés, ç'eût été le projet d'un insensé, mais non d'un charlatan. De plus, a-t-on jamais douté, dans notre siècle même, de la bonne foi des martyrs? Le

Docteur Thouvenel a constamment soutenu, au risque
de sa réputation, de sa tranquillité, au péril de sa
fortune, une opinion qu'il s'était formée d'après un
examen scrupuleux ; il y a donc en faveur de sa bonne
foi toutes les preuves morales qu'on peut exiger. Le
temps qui épure toute chose, décidera s'il fut dupe
de sa crédulité ; mais quel que soit le résultat de cette
épreuve infaillible, pourra-t-on lui reprocher comme
honteuse, une erreur qu'il a partagée avec des physiciens très-distingués, et qui a pu en imposer aux
hommes illustres dont nous avons rappelé les noms ?
Il faut accuser le Baron d'Holbac, Raynal et Diderot,
de sotte crédulité ; déclarer ignorans en physique,
Francklin, Macquer, Bertholon, etc., ou convenir
que Thouvenel, dont nous avons assez prouvé la
bonne foi, a pu, sans être taxé d'ignorance et de
crédulité, soutenir une doctrine, ou du moins affirmer
des faits dont il s'est si long-temps occupé.

Si l'on prétendait considérer les savans que nous
avons cités, comme des témoins séduits par des illu-
sions, que dira-t-on de ceux qui n'ont pas seulement
admis les faits énoncés par Thouvenel, mais qui ont
professé la même doctrine ? Sans parler d'Agricola,
de Libavius, de Camerarius, de Kircher, de Scott, de
Kirkmayer, etc. dont les opinions auraient peu de poids
aux yeux de ceux qui croient que le bon sens et les
lumières ont été uniquement réservés à notre siècle ;
que devra-t-on penser de Formey, de l'Académie de
Berlin ; de Sigaud de Lafond, assez connu par ses

ouvrages didactiques sur la physique; du Chevalier de Lorgne, fondateur de la Société italienne; du grand naturaliste Linnée, de Ritter et de Zimmermann, célèbres dans toute l'Allemagne, qui se sont montrés partisans de l'électrométrie organique? Et s'ils sont encore dupes avec Thouvenel, comment caractérisera-t-on Amoretti, de l'Institut d'Italie; le savant Abbé Fortis, Moretti, professeur de chimie à Udine; Rosate, professeur de physique à Lodi; Zamboni, professeur de physique au Lycée de Vérone, et plus de cent autres personnes dont les témoignages sont imposans, à raison de leurs lumières, de leur caractère ou du rang qu'elles occupent dans la société (*)? Celles-ci ne croient pas seulement à l'électrométrie organique, mais elles ont déclaré qu'elles étaient publiquement douées de la faculté électroscopique. Ce ne sont plus des dupes; ce sont d'insignes faussaires, dignes de l'animadversion de tous les gens de bien, et bien plus coupables que le simple observateur exposé à l'illusion des sens.

Quelques savans, nous avons dû le dire, ont montré, dans l'examen de la théorie de Mr Thouvenel, une prévention ou une pusillanimité peu estimable; mais il en est, qui sans craindre les clameurs des physiciens du bon ton et les épigrammes des beaux esprits, ont courageusement abordé la question : le Prince de Condé, démasquant Jacques Aimar, l'Abbé Monge,

---

(*) Della raddomanzia ossia elettrometria animale, da Carolo Amoretti; Milano, 1808.

opposant Bleton à lui-même, ont plus fait contre la rabdomancie que toutes les invectives des opposans.

Fatigués de la pénible lutte que Mr Thouvenel soutenait avec peu de fruit, ses amis l'ont souvent engagé à renoncer à des recherches si funestes pour son bonheur. Mais pénétré de leur importance, soutenu par l'amour du bien public et le sentiment de sa bonne foi, il s'est constamment refusé à leurs désirs, et s'est toujours flatté qu'une invention nouvelle en électricité viendrait confirmer son système, en fournissant le moyen de constater, par des instrumens mécaniques, ce qu'il avait appris de ses électroscopes organisés et vivans. Les piles de Ritter, de Deluc et de Zamboni, lui semblaient l'aurore de cette importante découverte.

Lorsqu'à l'espoir qu'il a toujours conservé de convaincre les dissidens, on opposait le merveilleux du phénomène qui révoltait la raison ; il rappelait l'étonnante faculté du polype, que l'instrument tranchant ne peut tuer ; il citait les prodiges des régénérations animales, de la production des animaux infusoires ; les incroyables phénomènes de la résurrection du rotifère et du tardigrade, du somnambulisme, de la catalepsie, qui ne lui semblaient pas moins inexplicables que la faculté hydroscopique. Il prétendait, qu'en bonne logique, ces goûts, ces sensations particulières observées chez quelques individus, devaient, aux yeux des observateurs non prévenus, résoudre la difficulté qui résultait de la rareté de cette faculté. Un hydroscope, un minérographe, n'avaient pour lui rien de plus extraordinaire, que le sauvage qui, à l'aide de l'odorat, poursuit les animaux à la chasse. Il trouvait d'ailleurs la faculté météoroscopique si répandue chez les individus de l'espèce humaine, et si universellement chez les animaux, que les faits analogues lui semblaient des conséquences nécessaires de la loi de la sensibilité spéciale, reconnue de tous les physiologistes. La puissance infinie de la nature, de laquelle on ne peut presque rien affirmer d'incroyable, comme le disait Sénèque, le rassurait sur le merveilleux des phénomènes. Les pierres atmosphériques qui sont venues poursuivre l'incrédulité jusques dans ses derniers retranchemens, et jeter un ridicule éternel sur les savans qui ne voulant croire que ce qu'ils peuvent expliquer, traitent de faibles ceux dont une philosophie plus modeste a dirigé l'opinion ; les pierres atmosphériques lui semblaient un argument invincible à opposer au scepticisme exagéré de ses contradicteurs (*). Et lorsqu'on le pressait, il demandait qu'on traçât dans la nature les limites du possible, et qu'on lui montrât quelques-unes de ses lois en opposition directe avec sa théorie.

Telle est l'histoire abrégée de ce procès littéraire, dans lequel j'ai cherché des moyens de venger la mémoire du Docteur Thouvenel des imputations odieuses dont on

____

(*) Un homme très-savant disait à une personne qui lui assurait avoir vu tomber des pierres du ciel : puisque vous l'avez vu, il faut bien le croire ; mais si je l'avais vu, je ne le croirais pas.

l'a chargée pendant sa vie. Son exposition offre aux hommes voués à la méditation, un problème moral, dont la solution tient à l'honneur de l'esprit humain ; il s'agit d'établir des règles certaines pour distinguer l'erreur de la vérité dans les recherches scientifiques. Ceux qui entreprendront de le résoudre, devront nous dire quelle est l'illusion la plus funeste à la science, celle qui admet des erreurs, ou celle qui rejète des vérités ? quelle est la disposition d'esprit la plus dangereuse dans la recherche de la vérité, le scepticisme outré, ou la crédulité populaire ? Ils auront à décider quels témoignages méritent le plus de confiance, ceux des savans ou des ignorans, lorsqu'il s'agit seulement de constater des faits ? Ils nous indiqueront enfin quel parti l'on doit prendre dans une question de fait, quand des savans, également estimables, en témoignent contradictoirement. Ils auront à poser les limites du pouvoir de la nature ; et bien convaincus par l'expérience, que le vrai n'est pas toujours vraisemblable, et que le vraisemblable n'est pas toujours vrai, ils devront nous fournir les moyens les plus sûrs de les distinguer l'un de l'autre. Avant d'entreprendre ce travail important, ils se rappelleront l'histoire de l'antimoine proscrit par la Faculté de Médecine de Paris ; l'inoculation condamnée par la Sorbone ; le newtonianisme long-temps repoussé par l'Académie royale des Sciences, et ces paroles de l'un des plus beaux génies, et des moins crédules du siècle dernier : « Il est des erreurs » qui ne sont que pour le peuple, d'autres qui ne

» sont que pour les philosophes ; mais il en est qui
» se communiquent de ceux-ci à ceux-là, ce sont les
» pires de toutes ».

Pendant que M.ʳ Thouvenel était ainsi en proie aux agitations de la controverse, une agitation générale et bien plus importante maîtrisait tous les esprits. Les novateurs qui, depuis long-temps avaient séduit la multitude, étaient parvenus à accréditer leurs doctrines jusque dans le sanctuaire de l'autorité suprême; et dans l'espoir d'un bien imaginaire, des hommes d'ailleurs désintéressés, et épris de l'amour du bien public, préparaient, par des essais imprudens, les maux sous le poids desquels nous gémissons depuis tant d'années. M. Thouvenel était partisan de la liberté, mais il ne voyait qu'avec horreur se développer les symptômes d'une licence effrénée, dont on ne tarda pas à ressentir les effets. Profondément affligé des calamités qui pesaient sur sa patrie, il n'aurait pu en être le témoin muet; beaucoup de ses amis avaient péri sous les poignards, ou avaient été obligés de chercher leur salut dans la fuite. Il résolut de s'exiler d'une terre où il ne voyait que le triomphe du crime et l'impuissance de la vertu. Renonçant librement à des fonctions honorables et lucratives, que tant d'autres ont conservées par un assentiment simulé au pouvoir dominateur, il se retira en Italie.

Poursuivi dans cette terre étrangère par le souvenir déchirant des maux de sa patrie et du malheur de ses amis, il chercha une distraction salutaire dans ses

études favorites, la culture de la médecine et les recherches électroscopiques. Ses travaux pour le progrès de sa
théorie eurent en ce pays des succès aussi variés qu'en
France, les savans s'étant encore divisés sur les résultats des expériences. Il eut cependant plus de partisans,
et sa doctrine admise par un assez grand nombre de
savans s'est conservée jusqu'à présent, à raison, disait-il,
des occasions plus favorables de la vérifier dans une
contrée où les hydroscopes sont bien moins rares qu'en
France. Galvani venait de publier son importante
découverte ; M.ʳ Thouvenel y vit une branche de cette
théorie générale sur l'électricité organique, qu'il culti-
vait sous un autre point de vue. Il s'appliqua à la
connaître ; il se livra à des recherches expérimentales
qui multiplièrent les faits ; et l'un des premiers, parmi
les Français, il écrivit sur le galvanisme (*). Agitée
par les dissensions intestines et par la fureur des conquê-
tes, la nation française était devenue presque étrangère à l'Europe savante. L'ouvrage de M.ʳ Thouvenel
n'eut pas l'influence qu'il pouvait avoir sur les progrès
du galvanisme ; car alors que cette science s'était déjà
répandue d'Italie en Angleterre et dans toute l'Allemagne, elle était presque ignorée parmi nous, et n'a
commencé à s'y introduire que vers l'époque où M.ʳ le
Docteur Jadelot traduisit l'ouvrage de M.ʳ de Humbolt
en 1798.

(*) Mémoire sur l'électricité organique ; Brescia, 1792.

Les nombreuses excursions que Mr Thouvenel avait faites en diverses parties de l'Italie pour en connaître le sol, les productions et la constitution physique, lui fournirent le moyen de se distinguer encore dans un concours. En 1796, l'Académie de Rome proposa pour prix, l'examen des fièvres de mauvais génie, qu'elle nomme maremmatiques, si fréquentes dans l'État pontifical, où elles sont une des causes de la dépopulation. Cette question intimement liée à la théorie du méphitisme était digne d'un Médecin qui avait long-temps médité sur les causes nombreuses et cachées de la disposition septique, source féconde de ces changemens si rapides et si funestes à l'organisation animale. Mr Thouvenel présenta sur ce sujet un Mémoire qui fut couronné et lui mérita les éloges les plus flatteurs. Quelque temps après il rassembla les notes éparses qu'il avait recueillies sur la constitutiou physique et médicale de diverses plages de l'Italie, et composa un ouvrage qui parut sous le titre de Traité du climat d'Italie (*). Ce travail déjà connu par le Mémoire couronné, fut accueilli trèsfavorablement du public et des médecins d'Italie, auxquels il donnait sur la topographie médicale de leur pays, sur l'hygiène publique, sur les maladies endémiques de certaines plages, des connaissances plus exactes, plus étendues et plus utiles. On applaudit généralement à ses vues sur la constitution de l'atmo

____

(*) Vérone, 1797; 3 vol. *in-8.*^o

sphère et l'imperfection de l'eudiométrie , dans cette partie de la science si importante à la médecine ; à ses recherches sur les sources fécondes de la détérioration de l'air , les effets du méphitisme en général , les causes particulières qui le produisent et l'entretiennent en diverses parties de l'Italie ; aux moyens qu'il proposa pour le combattre , l'atténuer , le détruire et terminer heureusement les travaux entrepris sous le pontificat de Pie VI pour l'assainissement des Marais-Pontins ; enfin l'on adopta généralement les modifications qu'il proposa d'introduire dans le traitement des fièvres pernicieuses de ce pays trop souvent abandonné à l'empirisme. Le Traité sur le climat d'Italie obtint aussi en France un accueil très-honorable. Malgré le défaut d'ordre et de méthode qu'on peut généralement reprocher aux ouvrages de M.ʳ Thouvenel , où l'abondance nuit souvent à la clarté , les antagonistes de l'auteur , ne purent s'empêcher d'y reconnaître le physicien judicieux , le médecin profond , l'homme supérieur qui , s'élevant à la hauteur de son sujet , ne craint pas d'attaquer des opinions accréditées , lorsqu'elles lui paraissent peu conformes à la vérité.

Sa grande expérience dans le traitement de ces fièvres lui procura un triomphe qui fut célébré par un artiste français. Le fils d'un personnage distingué de Vicence (*) allait expirer sous l'influence d'un traitement qui avait

---

(*) Le Comte Bissari.

opprimé ses forces. Mr Thouvenel appelé rendit à la nature l'exercice de son pouvoir salutaire , en excitant la fièvre par l'application de l'eau froide et de stimulans extérieurs , et parvint à soustraire le malade à un péril imminent. La famille de ce jeune homme a voulu conserver la mémoire de cet événement dans une composition de Menageot, où le médecin est représenté arrachant des bras de la mort un fils chéri qu'il livre aux embrassemens de sa famille , et qu'il rend à la cité de Vicence pénétrée de joie et d'admiration. Conservons avec soin l'histoire de ces monumens élevés à l'honneur de la médecine, monumens que le défaut de reconnaissance parmi les hommes a rendus bien plus rares que ne le sont les triomphes de ce bel art.

Dès que le gros de l'orage fut dissipé , et que l'ordre parut renaître , Mr Thouvenel éprouva le besoin de revoir les amis qu'il avait laissés en France. Il y rentra à la faveur d'une loi qui exceptait les savans du terrible ostracisme porté contre ceux qui avaient suivi dans l'exil leurs Princes légitimes. Mais que la scène était changée ! Tous ces amis qu'il avait vus environnés des attributs de l'opulence et du pouvoir , il les retrouvait dans l'indigence et le plus déplorable abaissement. Son cœur seul était resté le même ; ils lui devinrent plus chers par leur infortune , et il résolut de leur consacrer des soins qu'ils ne pouvaient plus payer que par leur reconnaissance. Il jouissait ainsi, au sein de l'amitié et d'une douce obscurité, d'un bonheur qu'il avait inutilement cherché dans le temps de son élévation. Cependant l'extrême médiocrité de sa fortune, l'étendue de sa bienfaisance, et les services qu'il avait rendus, intéressèrent le ministère en sa faveur ; on lui rendit l'inspection des eaux minérales pour l'étude desquelles il avait fait de si grands travaux et de si nombreux sacrifices. Mais une révolution politique, qui devait mettre le comble aux vœux des bons Français, préparait le retour des Princes, que la Providence, dans sa miséricorde, avait réservés comme l'unique remède à nos maux. Personne ne vit cet événement avec une joie plus sincère que M.ʳ Thouvenel ; non qu'il sourît à l'espoir de recouvrer ses emplois et sa fortune ; (son désintéressement digne d'un autre siècle et la modicité de ses besoins les lui rendaient peu nécessaires) ; mais il voyait dans le retour de la justice et le rétablissement de principes trop long-temps oubliés, l'espoir d'un meilleur avenir.

Sa fidélité à toute épreuve et ses longs services n'avaient jamais cessé d'être présens à la mémoire d'un Prince, qui n'oublie que les injures. Avant son arrivée dans la capitale de ses États, le Roi l'avait appelé près de sa personne, en qualité de premier Médecin consultant. Depuis, le ministère l'a de nouveau chargé de l'inspection des eaux minérales, et lui a ordonné de terminer l'ouvrage pour lequel il a laissé de nombreux matériaux.

M.ʳ Thouvenel recueillait enfin le fruit de ses travaux, environné de l'estime que lui méritaient ses lumières et ses vertus. Sans faste, au sein d'une honnête aisance, il jouissait du bonheur d'approcher journellement de la personne de son Prince, et de veiller à la conservation de jours si précieux à la France, lorsque la mort l'a subitement frappé le 1.er Mars 1815. Regrettons avec tous les gens de bien, avec tous ses amis, un savant estimable par ses lumières, plus estimable par ses sentimens ; mais ne déplorons pas son sort : constant dans sa fidélité, il n'a pas vu le retour de l'anarchie, et il a obtenu en mourant les regrets et les éloges de son Roi (*).

(*) Lorsqu'on annonça à Sa Majesté la mort du Docteur Thouvenel, elle témoigna la douleur qu'elle en ressentait, avec cette sensibilité délicate qui la distingue ; et après avoir fait son éloge ; *il était*, ajouta-t-elle, *d'une bonté parfaite.*